그리움은 파도를 넘어

그리움은 파도를 넘어

초판발행	2025년 6월 30일
발행 및 편집인	신상성
지은이	손경원
주간	목진숙
편집위원	유자효 박동관 최창영 윤은숙
북 디자인	명성문화센터
발행처	아시아예술출판사
농협	351 1056 7903 63 (아시아)
등록번호	2018-000098호
연락처	T. 010 2422 5258
	writer119@naver.com
주소	경기도 안산시 상록구 감골 2로58 선경(아) 102-1202

ISBN 979-11-92713-27-4
값 10,000원

주 최	거제시문화예술재단
주 관	보조사업자(손경원)
후 원	거제시
기타사항	2025 Art for you 본 사업은 2025년 거제시문화예술지원사업 「아트포유」 선정작으로, 거제시의 지원을 받아 진행되었습니다.

* 이 도서의 국립중앙도서관 출판예정도서목록(CIP)은 서지정보유통지원시스템 홈페이지
 (http://kolis-net.nl.go.kr)에서 이용하실 수 있습니다.

그리움은 파도를 넘어

손경원 시집

아시아예술출판사

시인의 말

꿈은 반드시 이루어진다고 항상 생각하고 지내왔습니다.

어린 나이에 장편소설을 읽고 소설가가 되겠다는 꿈도 꾸었습니다.

그러다 바쁜 직장생활에 얽매이게 되었고 그 와중에도 마음속에는 문학에의 씨앗을 놓지 못하고 가슴에 품은 채 살아왔습니다.

아득하게만 느껴지는 문학의 길을 중도에 포기하지 않으려고 앞만 보고 열심히 나아갔습니다. 지성이면 감천이라 했던가.

두 곳의 문단에서 신인상을 받게 되어 시인으로 등단하였고 문학의 꿈을 이루게 되었습니다.

이 모든 것이 저의 의지와 노력도 있었지만 주변 선배 문우님들의 격려와 지도가 큰 힘이 되었다고 생각됩니다.
첫 시집이라 부족함이 많으리라 생각하며 더욱 노력하리라 마음속 깊이 다짐해 봅니다.
끝으로 많은 지도와 편달을 아낌없이 보내주신 모든 문우님들께 감사드리며, 어려운 여건에도 불구하고 물심양면으로 도와주신 가족들에게도 감사의 마음을 전합니다.
감사의 계절입니다.

2025년 거제도에서

저자 손 경 원

1 백목련 피는 계절

12　까치 부부
13　백목련
14　구름
15　귀뚜라미들의 합창
16　고라니의 불행
18　길(路)
19　꽃게 된장국
20　나목(裸木)
21　귀뚜라미의 슬픔
22　어머님 전상서
24　나비
25　낙엽
26　담쟁이덩굴
27　낚시
28　동백
29　누나
30　딸의 흰머리

2 그리움만 쌓이고

몽돌 이야기 32
꽃새우 33
누나의 마음 34
비가 오는 날 35
비탈길 36
사슴 37
손녀의 병상 38
약속 39
예방접종 40
외손녀 41
자연과 사람 42
초롱이 꽃 43
친구 44
포로수용소 유적공원 45
칡 46
할아버지가 되는 날 48
외손녀의 사람차별 49
할아버지의 기원 50

사랑은 파도를 넘어

52 청마문학제
53 그대 빈자리
54 허리 굽은 할머니
55 호박
56 외손녀의 생일선물
57 운명
58 악연
59 편백
60 집안일
61 손녀의 본심
62 찬 바람 속 매화
63 잠
64 등산
65 형님 영전에
66 그리움
67 초등학교 친구들

4 거제도에 부는 바람

눈 70
산세베리아 71
사모곡 72
수족관 물고기들 73
어머님께 74
봄이 오는 소리 76
도시 소나무 77
친구 78
촛불 약속 79
아버지 80
거북이 81
자연사랑 자연보호 웅변대회 82
사랑하는 부산 고모님 영전에 83
뒤뜰 감나무 감을 누가 먹을까 84
귀성길 85
낙엽 86
우리 엄마 87
왕매미의 울음 88
태풍 89

손경원 문학론 92
신상성 / 몽돌해변 흑진주들 어깨 부딪는 소리

1

백목련 피는 계절

까치 부부

시청 뒤편
오래 묵은 고현성 옆에
벌거벗고 서 있는 전신주 위에
까치 부부가
아침부터 열심히
행복의 보금자리를 만들고 있다.

자재를 찾아 이리 날고 저리 날고
설계대로 꾸민다고
추운 겨울을 잊는다.

인생人生에 집짓기는
평생平生의 대사大事라고 했는데

아름다운 까치 부부의
행복한 보금자리가
까치집과 전쟁을 선포한
한전 직원의 눈에 띄일까
내 가슴이 두근거린다.

백목련

그렇게 혹독한 추위 속에서도
하나의 꽃을 피워야 한다는 일념으로
잎도 없이 오로지 꽃봉오리 하나로
북향하고 버티어 첫봄이면 첫 꽃 소식
제일 먼저 전하는 너는 백목련이네
넓고 하얀 꽃잎 하늘하늘 춤추더니
간밤에 시샘하는 비바람에 떨어졌구나.
피멍 들어 누웠던 그 자리에는
어느새 피어난 파란 잎들이 웃고 있네
꽃 진 자리에 꽃 피듯

구름

파란 하늘에
엄마 구름이 아기 구름을 이끌고
즐거운 나들이를 간다.
나도 언제
하얀 저 구름과 같이
아이들의 손을 잡고
나들이를 갈 수 있을까?
생각도 있고
마음도 있으나
월급쟁이의 현실이 어렵다.
애들아
부모 잘못 만나
너희는 너희대로
나는 나대로 떠다니는구나
그러나
언젠가는
파란 하늘에 떠가는 저 구름처럼
우리도 다정하게 손잡고
즐거운 나들이를 가자꾸나

귀뚜라미들의 합창

음력 7월 8일
절기로는 입추다.
높고 낮은 언덕에 더운 몸을 숨기고
계절의 바뀜을 합창한다.

오늘따라 바람 한 점 없다.
귀뚜라미들의 합창이
너무 서두른 것 같다.
조금만 기다리면
때가 오는데…

고라니의 불행

모처럼
쌓인 스트레스 좀 풀려고
저녁에 바다낚시를 나왔다.
조용히 자리를 잡고
낚시를 막 시작하려고 하는데
뒷산 아래쪽에서
고라니 한 마리가
목이 터져라 운다.

모처럼
고라니도 산속 세월이 답답하여
세상 소리 좀 들으려고
불빛 따라 내려왔는데
고약한 인간의 못된 덫에 걸려
삶과 죽음의 문턱을 오가고 있다.

여건만 되면
찾아가 해결 해주고 싶지만
어두워 천지사방을 알 수 없으니
마음만 괴롭고 답답할 뿐이다.

단지 내가 할 수 있는 것은
요행히 다치지 않고
잘 탈출해 주기를 바랄 뿐이며
인간들도 좋은 일만하고
이제 제발 그런 짓 하지 않았으면
얼마나 좋을까...

길路

사람과
길은 어떤 관계가 있을까?
사람이
가는 곳에는
항상 두 길이 있으니 말이다.
깨끗한 길을 가면
행복한 일이 있고
더러운 길을 가면
불행한 일들이 있으니 말이다.
나도
이제는
지나온 길을 돌아보며
아름다운 꽃이 피고
깨끗이 청소한 행복한 길을
내일을 향해
한 걸음 두 걸음
힘차게 걸어가 보련다.

꽃게 된장국

횟집에서
식탁에 오른 꽃게 된장국
돌아가신 우리 어머니가 생각난다.

그렇게 꽃게 된장국을 좋아하던 우리 어머니.

그러나 그때는
우리가 너무 어려서
사드리지를 못했다.

어머니를 닮아
세 딸 중에
꽃게 된장국을 좋아하는 우리 막내딸

어머니 대신
맛있는 꽃게 된장국을 많이 사줘야겠다.

나목 裸木

겨울밤
거리에 나서니
길가에 도열하고 서서
또 다른 봄을 염원하는
따스한 꿈을 본다.
푸르름도
황금 잎새도
시간 속에 묻고
아래로 아래로 흩날릴 날만 기다린다.
때론 자유란
만끽하는 자의 행복이다.

귀뚜라미의 슬픔

사계절 중
가을에만 유독
낮과 밤중
밤에만 왜
당신은 슬프게 우는가?

세월이 너무 빨랐는가?
계절이 속이기라도 하였는가?

울지만 말고
말을 좀 해보구려

인생의 덧없음에
남녀노소 할 것 없이
인간 모두도 운다네

어머님 전상서

사랑하는 어머니
당신은 지금 어디서 무얼하고 계십니까?
생전에 자식들 위하여
손발이 갈라져 피가 흐르고
고운 얼굴에는 거미줄 같은 주름이
가득하셨던 어머니
허기진 배 움켜쥐며
쓰러져가는 가세家勢를 버티기 위해
허리가 굽도록 일하셨던 어머니
그때는 어려서 잘 몰랐으나
이제
그렇게 그리울 수가 없습니다.
어머니
나의 사랑하는 어머니
당신은 지금
먼저 가신 사랑하는 아버지와 함께
천국에 잘 계시리라 생각합니다만

꿈에라도 한 번쯤
환하게 웃으시는
얼굴이라도 한 번쯤 보여 주십시요.
어머니
나의 사랑하는 어머니

나비

시청 뒤편 언덕에
온갖 들꽃들이
저마다 색색이 아름다움을 뽐내고 있다.

그 위로 흰나비무리가 한가로이 날고
그 사이로 노랑나비 한 쌍이
꼬리를 물고 지나간다.
꽃은 나비를 보니 좋고
나비는 임과 함께
꽃밭 속에서 놀아서 좋다.

지금은 어렵겠지만
나도 훗날
퇴직하여 자유로운 몸이 되면
사랑하는 당신과
한 마리의 노랑나비 흰나비가 되어
저 아름다운 들꽃 동산을
사랑의 밀어를 나누며
훨훨 날아봤으면 좋겠다.

낙엽

찬 바람이 분다.
겨울을 향해 갈수록 세차다.
인내로 버티다
떨어지는 아름다운 낙엽들

한때는
푸른 청춘도 있었고
큰 꿈과 희망도 있었다.

그러나
그 누구도 말릴 수 없는 철칙
인간도 한번 떨어지면
그만이다.

담쟁이덩굴

당신은
온몸과 마음으로
아름다운 그림을 그리는 화가다.

때와 장소를 가리지 않고
높고 낮음을 탓하지 않고
경계를 겁내지 않는다.

사람은
좋은 환경 속에서
물감으로 채색하지만

당신은
계절 따라
온몸으로 표시한다.

청년과 노년 시절을 넘나들면서
한 폭의 아름다운
자연 그림을 완성시킨다.

낚시

걸리면 간다고
항상 생각하지만
순간적이다.
유혹을 못 참으면
많은 불행을 겪어야 된다.

남의 불행도 모르고
강태공은
낚은 고기 들여다보며
온갖
자랑 다 한다.
대어 잡았다고...

동백

사람은
시시각각 잘 변해서 싫고
동백은
항상 변하지 않아서 좋다.
짙은 초록의 잎은
건강미 넘쳐흘러 좋고
꽃은 아름다운 여인의
립스틱 바른 입술 같아 좋다.

사람도
이제는 거짓의 허물을 벗고
변하지 않았으면 좋겠고
사랑하는 당신도
이제는
건강하였으면 좋겠다.
동백꽃처럼
아름다운 입술에
붉은 립스틱을
예쁘게 발랐으면 좋겠다.

누나

우리가 어려서
철없이 설쳐대던 때
당신은
정말 어머님 같았습니다.
형님과 같이 숨바꼭질하면서
그 많은 보골을 채워도
당신은 결코 성 내지 않았습니다.
어려운 시절
고생스런 환경 속에서도
주저앉거나 포기하지 않고
꿋꿋이 살아오셨습니다.
그 속에서
우리가 배우고
그 속에서
우리가 자랐습니다.
사랑하는 누나
자랑스러운 누나여
이제
우리 걱정일랑 말고
편안하게 사십시요.
우리도 누나처럼
열심히 살아가겠습니다.

딸의 흰머리

딸이
오랜만에 만난
아버지에게 인사를 하는데
머리가 많이 세었다.

세상살이가 고달프고
인생살이가 힘들었다는 증거지만
아버지의 가슴 한없이 아프다.

아버지의 흰머리는
인생의 순리라고 생각하지만
딸의 흰머리는 무엇인지?

딸아
파도와 같은 세상을
거슬러 가려고 하지 말고
인생을 아름답게 즐기면서
순리로 살아가 주었으면 좋겠네

2

그리움만 쌓이고

몽돌 이야기

학동 바닷가 몽돌밭에
젊은 한 쌍의 부부가
호수의 백조처럼
한가로이 거닐고 있다.
까만 몽돌을 밟으며
무슨 생각을 하고 있을까?
수많은 세월을
파도와 대화하며
모角난 자신을 한없이 갈고 닦으며
인내를 배웠고
환경에 순화하는 법을 배웠을 것이다.
사람들도
이제는 위선의 탈을 쓰고
모난 돌처럼 살아가지 말고
몽돌밭을 걸으며
몽돌처럼 둥글둥글하게
살아갔으면 좋겠다.

꽃새우

몽돌 횟집 여주인이
쯔끼다시 한 상 차려 내었네요.
유독 눈이 가는 꽃새우, 등 굽은 붉은 꽃새우
손님들 숫자대로 일렬로 누워 있네요.
가정이 찢어지게 가난했던 어린 시절
뜬금없이 춥고 좁고 작은 황토방에는
특히 겨울철이면 찢어진 이불조차 적어서
피붙이 형제들 꽃새우들처럼 붙어서 잤지요.
쯔끼다시 등 굽은 붉은 새우들
우리들의 아련한 슬픔으로 다가옵니다.

누나의 마음

사랑하는 동생이
술 많이 마시고
간 안 좋다고 걱정해
대구 온 산 다 뒤져
좋다는 약 다 모아서 고와
혹시 터질세라
페트병 삼 겹으로 꼭꼭 싸서 보내온 약
인진 쑥 씁쌀한 맛에
어머니 같은 누나의 따듯한 정 느끼고
감초의 달콤한 뒷맛에 진한 형제애를 느낀다.
그러나 어쩌리
누나의 깊은 속마음도 모르는 이 동생은
오늘도 몸 좋다고 큰소리치며
술만 더 마신다.

비가 오는 날

비가 오는 날 나는 왠지
흐려지는 창문으로 시선을 보낸다.
그리고 한참을 설레임에 젖는다.

보슬보슬 내리는 봄비 속으로
그대가 나를 향해 부르는 것 같고
그대가 나를 보고 손짓하는 것 같다.

보면 보이지 않고
부르면 대답하지 않는 허상
바로 당신입니다.

비탈길

가파른 비탈길을
낡은 시내버스가 털털거리며 달린다.
그 뒤로
독한 내음이 알사탕처럼 구르고
이어 작은 차들이 파도처럼 다가온다.
인생은
비탈길과 내리막길 위에 놓인
쓰나미!
그럼에도 불구하고
계속 비탈길을 오른다. 나는,

사슴

너희들은
전생에 무슨 업보로
머리에 그렇게도 무거운 짐을
평생平生 이고 사는가?
그리고
너희들은
무슨 잘못을 저질렀기에
꼭꼭 잠긴
철창 속에서 자유 없이 사는가?
밤마다
고향이 그리워
잠 못 이루고
저녁마다
사랑이 그리워
괴성을 지른다.
나도 아마
너희들처럼
철창 속에 갇혔다면
오늘도 잠 못 이루고
사랑의 괴성을 지르고 있으리라

손녀의 병상

몸이 작은 손녀가 세상에 태어난 후
덩치 큰 어른들의 잘못으로
처음으로 병상에 누웠다.
자유를 구속하는 링게르가
팔에 꽂다 지쳐 발등에 꽂혔다.

잔뜩 겁에 질린 얼굴 웃음이 사라졌고
스트레스 받은 가슴 간간이 밭로 차 토해낸다.

그 누가 너의 아픈 마음을 알까?
말 못 하는 너의 심정
이 할아비도 가슴 아프다.
병상의 모퉁이에 앉아
간간이 네가 눈 감고 있을 때마다
고통에서 하루빨리 벗어나기를
간절히 또 간절하게 기도한다.

약속

약속은 설레임을 낳고
설레임 속에 약속은 이루어진다.

그리던 얼굴 확인하고
다정한 목소리 들으며
약속의 소중함을 비로소 깨닫는다.
오늘이 있기에 내일이 있고
오늘의 약속이
영원한 내일의 약속으로 이어준다.

헤어질 때는
무언의 약속이 흐르고
깊은 마음속에는
잔잔한 사랑이 흐른다.

예방접종

오 월 십오 일 스승의 날
학교 가지 않는 날
봄도 아닌 그렇다고 여름날도 아닌
무덥덥한 날인데도
거제도 어린애들이
뇌염 예방 접종을 하기 위해
보건소에 다 모였다.

젊은 엄마 등 뒤에는
큰애가 따개비처럼 붙어있고
앞에는 캥거루 마냥 작은 아이를 안고
끝도 보이지 않는 줄을 서
한숨으로 차례를 기다리고 있다.

겁먹은 아이는 주사기 보며 울고
주사기는 사정없이 살 속으로 숨는다.
땀 흘리는 간호사는 긴 줄 보며 한숨짓고
접종 맞힌 할머니는
손자 손 꼭 잡고 안도의 숨을 내쉰다.

외손녀

외손녀 둘 있는 큰딸네 집
아침부터 난리법석이다.

큰딸이 있을 때
사람 혼을 반쯤 빼놓고 출근하면
외할비가 인수한다.

외할비는 겁나지 않다는
약점을 알고 더 설친다.

내의를 땀으로 흠뻑 적셔야
유치원, 유아원에 다 보낸다.

이렇게 힘들어도
옆집 할머니 말씀으론

외할비 돌아가면 別世
안 바쁘면 거기도 한번
가 볼 텐데 한다는데

제발 우리 외손녀들은
그렇게 말하지 않았으면 좋겠다.

자연과 사람

자연은 아름답다.
그리고 마음이 넓다.
그 넓은 마음으로
항상 사람들을
편안하게 품어준다.
무덤의 장소까지도
아낌없이 내어준다.

그것도 모르는 사람들은
자기 욕심만 채우기 위해
온갖 짓을 다한다.

그러나 자연은
그런 행동을 절대 탓하지 않는다.
스스로 깨달을 때까지
무한정 기다려준다.
언제 철들어 알려는지
그것이 참 궁금하다.

초롱이 꽃

우리 집 앞 베란다에
초롱이 꽃 피었네
지난 겨울 그렇게도 추웠는데
용케도 견뎌냈네
누구를 기다리는지는 몰라도
양손에 예쁜 초롱꽃등 들고
밤새도록 기다리네
여러 날 지나고
기다리다 지쳐
초롱꽃등 든 팔도 처져가고
꽃등도 서서히 접네
아마도 내년을 기약하나 보네

친구

점심시간을 훌쩍 넘긴 시간
시장기가 파도처럼 밀려온다.
식당으로 가려는데
갑자기 창밖에는 하염없이 비가 내린다.

오갈 수 없는 상황
가깝게 살고 있는
친구가 생각났다.

체면도
부끄러움도 필요 없는 사이
친구 사이가 아닐까?
전화 한 통에 우산 들고 나타난 친구
나를 보고 씨익 웃는다.
오늘따라 왜 그렇게 고마운지
친구야
영원한 내 친구야

포로수용소 유적공원

포로수용소 유적공원에 가면
항상 내 귀엔
아직도 포성이 울리고
절규의 아우성이 가득하다.

승자도 패자도 없었던 전쟁
평화로운 거제도는
포로들과 피난민들을 보듬었다.

다시는 이 땅에
전쟁이 없기를 바라는
큰 뜻을 여기에 심었다.

많은 사람들이 보고 느껴
이 땅에 영원한
평화와 번영이 있기를

오늘도
포로수용소 유적공원은
말없이 교훈을 던져주고 있다.

칡

옛날 우리가 어렸을 때
칡뿌리는 우리의 간식거리였고
넝쿨은 짐을 묶는 좋은 끈이었다.

더구나 넝쿨이 자라
옆에 있는 나무를 덮는다는 것은
상상도 할 수 없었다.

그러나 세상이 변하여
이제는 칡을 파는 사람도 없고,
넝쿨을 걷는 사람도 없다.
온통 칡과 넝쿨의 세상이다.

칡뿌리는 땅에 강파일처럼 깊게 박고,
넝쿨은 옆에 있는 나무를 사정없이 덮어
희망의 끈을 놓게 하고,
숨통마저 막아 결국 죽게 만든다.

개구리 올챙이 시절 모르듯이
칡넝쿨도 어려운 시절을
모르는 것 같아 안타깝다.
세상이 좀 변하였다 하여
이웃을 불편하게 하거나
고통을 주어서는 아니 될 일인데
이를 어쩌리...

할아버지가 되는 날

사랑하는 딸이 있는 힘을 다 토하고
주변 사람들의 피를 다 말리는 순간에
비로소 손녀가 세상에 얼굴을 내밀었다.
귀엽고, 아름답고, 천사와 같은 얼굴
그러나 이제는
내가 졸지에 할아버지가 되어버렸다.
활처럼 등이 휘고,
할미꽃처럼 허리가 굽어진 그 모습
할아버지 말이다.
그러나 좋다.
나에겐 천금과 바꿀 수 없는
손녀가 생겼으니 말이다.
할아버지의 못다 이룬 꿈
너에게 살짝 옮겨 기대해 보련다.

외손녀의 사람차별

우리 외손녀 세상 나온 지 이제 7개월
벌써 감정 표현이 좀 되는 것 같다.
좋으면 금방 헤헤 웃고
기분 나쁘면 당장 눈 위에 새떼기를 그린다.

자주 보는 사람 알아 보고
처음 보는 사람 기가 차게 골라낸다.
외할아버지하고 친하게 놀다가도
엄마 아빠만 보면
두 손 번쩍 치켜들고 당장 몸 뺄려고 서둔다.
인지상정이지만
차별하는 것 같아 마음 한구석 서운하다.

7개월 외손녀의 행동은
철없는 행동이라 이해하지만
7년 후 외손녀의 행동은 어떻게 이해 하리.

한없이 주고 싶은 외할아버지의 정
그때 너무 서운해 하지 말고
지금부터 조금씩 줄여 나가야 되겠다.

할아버지의 기원

봄이 왔습니다.
온 산천에 연초록으로 물들인 봄이 왔습니다.
그러나
할아버지 마음 한곳에는
아직 봄이 오지 않았습니다.

할아버지가 그토록 사랑하는 손녀가
아직 아픔이 낫지 않았기 때문입니다.
심하게 콜록이는 기침소리에
할아버지의 가슴이 찢어집니다.

그러나
할아버지가 할 수 있는 것은
손녀 몰래 마음속으로
따뜻한 봄과 함께
아픈 몸이 하루빨리 낫기를 기원할 뿐입니다.

3

사랑은 파도를 넘어

청마문학제

둔덕 들녘에 꽃바람이 불어오면
시끌북적 한바탕 잔치마당 열리고
그리기 글쓰기 시낭송에 취한다.

다문화 외국인이 빚은 청마시극경연대회
시와 연극과 음악의 어울림
휘둥그레 관람객들 눈망울 커지고

청령정에서 내려보던 청마 선생님
부산 떠는 잠자리 떼 조용히 다독이며
빙그레 미소 짓는 청마문학제

그대 빈자리

딸아이의 이사 때문에
훌쩍 당신이 떠나고
텅 빈 방에
나 혼자 외톨이로 남았습니다.

투정 부리는 이야기도
행복에 젖은 속삭임도
고요 속에 잠기고
당신을 향한 그리운 마음이
샘물처럼 솟아납니다.

그대 빈자리 같이 있을 때는
치매 환자처럼 아무것도 모르고
혼자 있어야 비로소 아는 그리움
바로 당신입니다.

허리 굽은 할머니

버스터미널 옆 인도에
허리 굽은 할머니 두 분 지나간다.
많이 굽은 허리 우산으로 지탱하고
어디로 가시는지 바쁘다.
젊어서는 대나무 같은 허리가
왜 저렇게 굽었을까?

돌이킬 수 없는 현실
자식들은 어떻게 이해할까?

희생치고는
너무 심하다.
갑자기 내 허리가 저려온다.

호박

너를 땅에 묻을 때
정도 많이 주지 못했는데
너는 고맙게
나에게 많은 선물 주네

풋 호박을 내주어
맛있는 호박 나물을 먹고
예쁘게 익은 노란 호박 내주어
부침을 맛있게 먹는다.

너의 고마운 마음을
이 가슴에 담아
내년에는
알뜰하게 심고 돌봐야지.

외손녀의 생일선물

올여름 그렇게 더운 날
열심히 알바하여 모은 돈으로
생각지도 않았는데
외할아버지 생일선물 보약을 사 왔네
가슴이 아파
먹을까 말까 하다가
먹었는데 효과가 좋았다.
역시 선물이라는 것은
성의와 정성이 깃들어야 좋지 않을까?
외할아버지가 할 수 있는 것은
오직 너희들의 소원성취를 기원할 뿐이다.

운명

황금 들판에
늘어선 허수아비
그곳을 지나가는 새떼들
이것이 입장이고
이것이 운명인가.
논 주인 할머니
훠이 훠이
큰소리치며 쫓는다.

악연

농민은
잡초를 싫어하고

잡초는
농민을 싫어한다.

인연인가
악연인가

편백

너를 보면 눈이 맑아지고
너의 향기를 맡으면
건강이 좋아진다.
하여,
거금 들여
너의 편백 동산 옆으로
이사를 왔네
오늘도
노부부는
창문 활짝 열어놓고
너를 보며
향기를 듬뿍 마시고 있네

집안일

집안의 일들이 아무리 힘들다 해도
그전에는 나도 몰랐습니다.
퇴직 후 내가 해보니
정말 힘들다는 것을 이제야 알았습니다.
운동 삼아 해도 된다고
생각하였던 나
얼마나 답답하고
얼마나 야속하였을까요.
알고도 아무 말 안한 당신의
그 넓은 마음
이제야 그 깊이를 비로소 알겠습니다.

손녀의 본심

유치원에 다니는
우리 손녀는
할아버지를 별로 좋아하지 않는다.
만나기만 하면
자꾸 귀찮게 집적거리니까
그런데
어쩌다
지아버지 회식으로
내가 대신 유치원에 찾으러 가면
묻지도 않았는데도
엄지손가락 치켜세우며
할아버지 최고란다.
진심일까
본심일까...

찬 바람 속 매화

동지가 막 지나갔는데
바람은 역시나 차다.
사람도 움츠리고
모든 나무들이 숨도 크게 못 쉬는데
유독 매화나무는
누가 보던 말 던
묵묵히 오늘도
화려한 내년 봄을 위하여
꽃눈을 틔운다.
죽음을 각오하면
안 되는 일이 없다는 교훈을
몸으로 보여준다.
길옆에 서있는 벚꽃이
곁눈으로 따라한다.
그래도 절반의 성공이다.

잠

잠이 온다
눈까풀이 장마철 논두렁 무너지듯
내려온다.
체면으로 이기기 힘들다.
나도 몰래 눈을 감는다.
사람들은 지고 이길 것이 많다.
지는 것은 쉬우나
이기는 것은 힘들다.
그러나
잠에 지면 몸이 편한 듯이
이제는
조금씩 지고 사는 방법을
배워야겠다.

등산

오랜만에
반가운 사람들과 같이
철선인 사랑호를 타고
통영의 사랑섬을 찾았다.
옥녀봉과 지리산을 오르면서
공기의 중요함을 알았고
힘겹게 오르는 등산객을 보면서
건강의 소중함도 알았다.
오르는 길에는 반드시 내리막길이 있고
고생 끝에는 낙이 있다는
평범한 진리도 깨달았다.
이제는
틈틈이 산에 올라
자연의 섭리대로
아름답게 사는 법을 배워보리라.

형님 영전에

어려운 시대에 태어난 형님
철없는 동생들 때문에
호랑이 같은 부모님께
들을 욕 안 들을 욕 많이 들었습니다.
끝내는 나라 위해 월남越南에 가신 형님

없는 것이 죄가 되어 직업군인이 되시고,
그때는 몰랐지만 그 거룩한 뜻
국립묘지에 안장될 때 비로소 알았습니다.

못다 한 아쉬운 세상世上
이제 좋은 추억 속에 묻고
아름다운 저세상에서
좋아하는 운동 많이 하시고
먼저 가신 부모님 만나 효도하면서
편안히 잘 계십시오.

그리움

이 세상에 그리움들이 많이 있겠지만
할아버지가 손녀를 그리워하는 것도
큰 그리움일 것이다.

할아버지가
그렇게 좋아하는 술자리도 표나게 줄이고,
부득이한 자리도 대화 시간을 줄인다.
때로는 깔깔거리고,
알지 못하는 옹알거림,
때 묻지 않은 순수한 그 모습이
나도 모르게 그리움으로 변하였는지 모르겠다.

이것이 너의 순수함이고
이것이 할아버지의 순수한 그리움인 것 같다.
오늘도 퇴근 시간이 왠지 길게 느껴진다.
어서 가서 손녀와 즐거운 시간 보내야지

초등학교 친구들

문득 생각나
추억조차 가물거리는 초등학교 동기생들과 만났다.
식당 출입문을 들어서면서도 서로를 모르는 얼굴들
참 기가 찰 일이다.
세월이 그만큼 정처 없이 흘렀다는 증거다.

아련한 추억 속에
시간 가는 줄 모르고
소주병 날라주는 아줌마가 바쁘다.

이제
박 속 같은 그 얼굴들은 주름으로 얼룩졌고
마음은 어떤지 알 수 없지만
검은 머리는 흰머리로 온통 바뀌었다.

인고 속에 흐른 세월
육신은 변했어도
마음만은 그 옛날로 돌아갔으면 좋겠다.

4

거제도에 부는 바람

눈

당신은 정녕
아름다운 이곳에 오시기가 싫은가요.
아니면 오는 길을 잃었나요.
어느 곳에는
귀찮을 정도로 자주 가고
어느 곳에는
당신이 싫다고 하는데도
또 가시는 이유가 무엇인가요
자연의 아름다움이 문제라면
이곳만 한 곳이 없고
당신을 그리는 마음이 문제라면
나만큼 당신을 그리는 사람도 없을 것입니다.
자연이 기다리는 곳
사랑하는 사람들을 위하여
창밖에 어둠이 깔리고
만물이 잠들었을 때
사뿐히 내려오소서
곳곳을 둘러보시고
잘못되고 더럽혀진 곳을
허물하지 마시고
당신의 흰옷으로 덮어 주십시요.

산세베리아

어느 혹한 속 돌아오는 길
아파트 화단에 버려진
가여운 산세베리아를 보았네
그냥 지나치면 얼어 죽을 것이고
가져가자니 많은 식구 또 늘겠네
이런저런 연민으로
그래도 화분에 정성 들여 창가에 두었더니
작년에는 환한 덩치 꽃 피우고
올해는 이사한 아파트로 함께 와
더 많은 새끼 쳐서 더욱 밝은 거실 되었네
오호라, 말 못 하는 식물도
세상의 은인을 아는 것 같다.

사모곡

어머니
나의 사랑하는 어머니
오랜만에 목 놓아 당신을 불러봅니다.
구정인데도
갈 곳이 마땅찮고
선물을 사야 드릴 곳이 없지만
괜히 남들 따라
선물 가게에 들락거려 봅니다.
생전에
음식을 장만하면서도
마을 입구 길모퉁이에
자식 기다리는 눈길을 고정하신 어머니
손자를 업고
동네방네 선물 자랑에 침이 마른 어머니
지금은 어디에 계시기에
꿈에도 한번 나타나지 않습니까?
어머니
나의 사랑하는 어머니시여!

수족관 물고기들

맑고 깨끗한 덕포 해수욕장
바닷가 도로를 지나는데
우연히 길옆에 있는 수족관을 보았네
며칠을 굶었는지
힘없는 붉은 돔이
내가 주인인 줄 잘 못 알고
나를 원망스레 바라보네
옆에 납작 누운 광어도
자기가 잡혀갈까 봐
두 눈 굴리며 입만 뻐끔거리네
눈앞에 그리운 고향 바다를 두고
오늘내일 죽을 날만 기다리는
야속한 운명
그것도 모르고
우리 일행을 보고
어서 들어오라고 손짓하는
횟집 주인 정말 원망스럽네

어머님께

나의 사랑하는 어머니
어머니께서
가장 힘들고 어려웠을 때
우리는 아무것도 몰랐습니다.
그러나
이제 조금 알자마자
어머니께서는 하늘나라로 가시고
우리 옆에 계시지 않습니다.
자식 학교 회비 미납될까 염려해
매일 빨간 고무 대야를 이고
오늘은 고현 재래시장
내일은 옥포 재래시장 노점으로
달리신 우리 어머니
그 속에서 우리는
근검절약을 배웠습니다.
오늘 우연히
고현 재래시장 지나다가
그때 그 자리에서
노점상 할머니들을 보았습니다.
갑자기 어머니가 생각나

한없이 눈물을 흘렸습니다.
이제는 자식 걱정 놓으시고
먼저 돌아가신 아버지 만나시어
편안하게 사십시요.

봄이 오는 소리

따스한 봄바람에 놀라
겨우내 얼어붙은 개울가 얼음이
먼 산 눈 녹듯이 녹고
그 사이로 맑은 물이
봄 노래하듯 흐른다.
엊그제만 해도
꿈적 않던 버들강아지가
봄소식을 하루 이틀 신속하게 전해준다.
일 속에 녹초가 되어버린 몸
삶에 찌든 황망한 이 가슴에
따뜻하고
아름다운 나의 봄은
언제 올런지

도시 소나무

도시 도로변
가로수로 듬성듬성 심어놓은
검푸른 소나무를 바라보면
왠지
환경 오염 속에
심하게 몸살하는 너희 모습이
안타깝기만 하다.
푸르러야 할 잎이 검어져 가고
곧아야 할 등이 휘어져 있으니
네가 할 일이 무엇이며
인간이 느껴야 할 것이 무엇인지
때늦은 지금이지만
그래도 느끼고 고쳐서
저 검어지는 이파리에 생명을 불어넣고
굽어지는 등을 바로 세워
푸르고 아름다운 도시를 만들고
맑고 건강한 사회를 만들어야 하겠다.

친구

날이 어둑하면 만나고
만나면 이야기로
밤새우던 너
십리 길 학교를 걸어 다니면서
하늘과 같은 우정을 가슴에 담았다.
세상에 둘도 없는 너를
바다 건너 저 멀리 보내고
나 혼자 외로움에 젖고
그리움에 밀려
얼마나 울었는지 모른다.
아마
친구와 정이란 것은
헤어져야 알수 있는가보다.
이제는
간간이 들려오는 전화벨 소리로
정의 끈을 이어 간다만
우리가 살아가는 이 세상 끝까지
영원히 변치 말기를
네가 있는 곳
바다 향해 전하고 싶다.

촛불 약속

비 오는 날
무심히 창밖을 바라보면
유난히도 큰 눈망울의 당신 얼굴이
유리창으로 다가온다.
그렇게 검은 머리칼도
귀엽고 포동포동한 얼굴도
이제는
세월의 파도 속에 시달려
안타깝게 변하고 있다.
가는 세월 어쩔 수 없고
오는 세월 어쩔 수 없으나
당신과 나의
촛불 약속은
영원하지 않을까?
내 비록
작은 봉급이지만
당신을 영원히 사랑하고
행복하게 해주겠다는 약속은
그 무엇보다도
중요하지 않을까?

아버지

그렇게도 엄하시고
그렇게도 무서웠던 아버지
저세상을 가시는 날까지
자식을 생각하고
가정의 형편을 생각하며
파도처럼 밀려오는 아픔의 고통을
야윈 몸으로 버티시고,
스스로 운명을 결정하신 아버지
그때는
진정한 그 깊은 뜻을 몰랐지만
이제야 그 고귀한 뜻
아련히 알 것만 같습니다.
과연 나도 남은 여생을
사랑하는 아버지처럼
고고하고도 당당하게
살아갈 수 있을지 걱정이 됩니다.
아버지
나의 사랑하는 아버지
아버지의 그 뜻을 받들어
뜻있는 인생을
열심히 살아가겠습니다.

거북이

기력 잃은 거북이가
장승포 앞바다에서 헤매다가
해경의 도움으로 구사일생 하였단다.
망망대해에서
파도와 싸우며 죽음을 기다리는
인간을 구한 거북이가
오늘은 사람들이 구했단다.
무슨 일들일까?
도대체 인간 세상에
무슨 메시지를 갖고 왔을까?
아마도
바다를 더럽히는 인간들에게
용왕님이 보낸 경고장을 갖고 왔을 것이다.
그것도 모르는 인간들
키득거리며 길조라고 말한다.

자연사랑 자연보호 웅변대회

눈망울이 초롱초롱한
미래의 주역 어린 연사演士
학교 공부 마다하고
두 주먹 불끈 쥐고
어른들의 잘못함을
귀가 아프도록 성토한다.
자기만의 이익을 노린
무분별한 개발을 고발하고
야유회 자리마다
양심과 함께 버린 쓰레기 자루를 뒤진다.
자연이 신음하는 현실이 걱정되고
자기들이 살아갈 미래가 염려된단다.
듣고 있노라니
갑자기 혈압이 오르고,
몸 둘 바를 모르겠다.
기성세대들이여!
이제라도 늦지 않았으니
아름다운 미래를 위해
자연사랑, 자연보호에 앞장서 나갑시다.

사랑하는 부산 고모님 영전에

고모님!
우리가 항상 존경하고 사랑했던 고모님
지금은 불러도, 애타게 불러도,
왜 대답이 없습니까?
어려운 시절에 태어나시고,
동족상잔의 포성 속에
사랑하는 남편을 잃어버린
청천벽력과 같은 일이 생겼으나
어린 자식을 위해,
나이 많은 시부모들을 위해,
자신을 희생시킨 철인 같은 고모님
병상에 누워 독한 병마와 싸우느라
조카 얼굴도 알아보지 못한 우리 고모님
이젠
먼저 가신 고숙과 만나
못다 한 정 한없이 나누시고
편안하게 영면하옵소서
거룩한 그 뜻
하늘이 알고,
우리가 알고 살아가겠습니다.

뒤뜰 감나무 감을 누가 먹을까

뒤뜰에 감나무 한 그루 있다.
해마다 봄이면 꽃피고
여름에는 무더위와 씨름하며 알 속을 채운다.

정석대로라면
가을에는 익은 감이 달려 있어야 되는데
그러나
흔적도 없이 없어진다.
인생살이도 이런 것 같다.

꽃을 피우고
무더위와 싸워 아름다운 결실을 위해 노력해보지만
결국 감 따가는 사람은 따로 있다는 것을 알게 된다.
그러나
결코
남을 원망할 필요가 없고
더더욱
성실하게 뒤뜰 감나무처럼 살면 된다는 것을
느끼게 된다.

귀성길

한 손에는 선물 들고
한 손에는 아이의 손을 잡고
꿈에 그리던
정든 고향 가는 길이
밀물처럼
밀려든 차량 때문에
고드름처럼 얼어붙은
고통스러운 행렬이 되었다.
즐거운 마음이 짜증으로 변하고
기대감이 포기 상태로 변할 때
온몸은 파김치가 된다.
그래도 이 길은
영원히 가야 하는 길이기에
인내로 버티며
사랑하는 얼굴
따뜻하게 반겨줄 고향을 향해
몸은 거북이가 되어도
마음은 벌써 고향에 닿아있다.
귀성길 고생길이
언제쯤 행복의 길로 바뀔까?

낙엽

황홀한 색깔의
마지막 향연은 시작하자 끝나고
이제 떨어질 날만 기다리는 당신
어디로 갈지도 모르고
바람 따라 한잎 두잎 떨어지는데
사람들은
남의 일인 양
그걸 보고 좋다고
감탄하며 좋아한다.
그러나 어찌리
나도 당신처럼
아름다운 마음의 색깔로
마지막 인생을 장식하고 싶다.

우리 엄마

TV에 엄마를 업고 가는
아들이 나오네
고생스럽게 키운 보람
한방에 다 갚네
그런데
우리 엄마는 어딜 갔을까?
아무리 기다려도 오시질 않네
내 죽기 전
딱 한 번이라도
업어드리려고 하였는데
아
보고 싶은
우리 엄마...

왕매미의 울음

더위가 갈수록 무섭다.
왕매미가 그 사연을 아는지
죽어라 울어 댄다.
더워도 세월은 가고
울어도 세월은 온다.
이제야 알았으니
참고, 견디고, 웃으며
또 하루를
힘차게 살아가야지

태풍

며칠 전부터 요란스럽던 당신이
드디어 사고를 쳤네
자연을 파괴하고,
인명을 해하고,
하루아침에 꿈과 희망을
없애 버렸네
이제 우리도 당하지만 말고
힘을 합쳐 막아야 하겠네
제발 조용히 지나가도록

손경원 문학론

손경원 문학론

몽돌해변 흑진주들 어깨 부딪는 소리

신 상 성

서울문예디지털대학 초대총장

1. 거제도 해변의 검은 몽돌 언어

거제도에 내리면 몽돌해변의 파도 소리가 먼저 달려와 겨드랑이를 간질인다. 검푸른 물결에 밀린 까만 몽돌들이 서로의 어깨를 부딪치며 달려와 안긴다. 세상의 온갖 풍파에 시달려 모난 어깨는 깎이고 깎여서 동글동글해졌다. 거제에 유배 내려온 고려시대 정서鄭敍의 정과정곡〈鄭瓜亭曲〉싯귀에서부터 피고름 터지는 아픔과 슬픔이 잘 드러나 있는 곳, 유배의 섬, 거제도의 특징이기도 하다.

어디 정서뿐이랴 동서고금 서민들의 피폐와 고통은 지금도 반복되고 있지 않은가. 지금도 무신정권의 무력 시대와 다른 게 없는 폭력의 복습이다. 그 몽돌들의 피곤한

절규 속에는 손경원 시인의 은근한 비어祕語도 반올림되어 들려온다.

오랜만에 듣게 되는 익숙한 목소리이다. 매년 '거제시문학'에서 발간하는 토종 시인들의 보물 같은 몽돌 시 속에도 손 시인의 비어가 늘 끼어 있었다.

그래서 나는 10여 년간 그의 시풍과 이미지 냄새 그리고 순박한 시 정신의 흐름도 잘 파악하고 있다. 그러다가 얼마 전 첫 시집 원고라며 거제도 몽돌해변에서 손경원 시인의 파일이 날라와 깜짝 놀랐다.

손 시인의 시집은 『그리움은 파도를 넘어』라는 제목처럼 시의 전편에 흐르는 암반수 같은 그리움의 정서를 대변하고 있다. 남해 깊은 바다 갯장어같이 길고 깊은 飛語이자 역시 조선시대의 선비처럼 조용하고 부드러운 그의 시편의 정서와 품격이 숭어처럼 수면을 박차고 튀어 올랐다.

늘 미소를 입술 끝에 물고 다니는 그는 늘 바쁜 게 없다. 한발 물러서서 세상 프리즘을 관조하는 습관이다. 학동 해변 까만 몽돌들같이 둥근 원형의 詩語들이다. 손경원 자신이 또 그 가족들이 근현대사, 특히 6.25를 거치면서 극도의 가난을 치러내었다. 장승포를 덮치는 쓰나미와 폭풍우를 수없이 겪으면서 이미 어깨뿐이 아니고 온몸의

각이 다 닳아서 깎여 나갔다.

　이 시집은 주제별로 전체 4부로 나뉘었다.
　주로 유난한 가족애와 동료 친구들과의 따뜻한 바람의 언어들이다. 특히 가족과 이웃과 친구들에 대한 애정의 시선이 강하다. 주요 키워드는 시베리안 샤머니즘이다. 존재와 비존재, 자연과 사람, 그리고 우주의 섭리 문제들이다. 평소의 습성과 인생관이 그의 시 정신에도 그대로 녹아 있다. '평범 속의 비범함'이 관통된다.

　그는 앞장서서 서두르지 않으면서도 차근차근 할 일은 다 한다. 그가 거제시청에서 평생 헌신하면서 최고위직 공무원으로 정년을 마감할 수 있었던 것도 이런 차분함과 책임감이 원천이었으리라.

　거제도는 한국 문단의 거목 청마 유치환 시인이 태어난 곳으로 둔덕면 방하리에 청마기념관과 생가 및 묘소가 있다. 이를 청마기념사업회에서 거제시로부터 수탁받아 관리하고 있는데 손 시인은 이 기념사업회의 회장직을 수년 전에 역임하였다.
　꾸준한 창작활동을 통하여 '거제시문학상 우수작품상'을 수상하는 등 거제 문단의 중추적 원로로 자리매김하고 있는 손경원 시인의 문학세계를 심층적으로 살펴보기로 하자.

2. 백목련 피는 계절

　손경원 시인은 먼저 하늘로 떠나보낸 어머님을 끔찍이 그리워하고 사모한다. 자기 인생의 모든 것이었던 어머니가 곁에 없게 되자 그 상실감과 고독성에 대한 노래가 많다. 다음 '백목련'에서 하얀 얼굴의 순박한 어머니의 모습을 상징한 것이다. 생사를 달리하게 된 슬픔의 몽돌처럼 반짝이는 언어를 찾아보자.

　　백목련

　　그렇게 혹독한 추위 속에서도
　　하나의 꽃을 피워야 한다는 일념으로
　　잎도 없이 오로지 꽃봉오리 하나로
　　북향하고 버티어 첫봄이면 첫 꽃 소식
　　제일 먼저 전하는 너는 백목련이네
　　넓고 하얀 꽃잎 하늘하늘 춤추더니
　　간밤에 시샘하는 비바람에 떨어졌구나
　　피멍 들어 누워 있던 그 자리에는

어느새 피어난 파란 잎들이 웃고 있네
꽃 진 자리에 꽃 피듯

하늘로 간 어머님에 대한 절절한 그리움이다. 백목련같이 깨끗하고 아름답고 헌신적이었던 어머니는 가족들의 생계를 위해 바다에서, 갯벌에서 거칠고 험한 온갖 일을 다했다. 평생 젖은 일에 삶을 바쳤다. 그 슬픔에 전율하면서도 스스로 제어도 한다. 우주 섭리에 의탁하는 것이다. 또 의탁하지 않는다고 무슨 수가 생기는 것도 아니다. 남은 가족과 자녀들을 위해 살아야 하지 않겠는가.

'그렇게 혹독한 추위 속에서도, 하나의 꽃을 피워야 한다는 일념으로, 잎도 없이 오로지 꽃봉오리 하나로, 북향하고 버티어 첫봄이면 첫 꽃 소식, 제일 먼저 전하는 너는 백목련이네'

그러면서 늘 먼저 기쁘고 행복한 소식일랑 맨 먼저 가족들에게 알려주려고 노력해왔다. 그러나 누구나 고집멸도, 생로병사, 하늘의 뜻에 순응하지 않을 수 없는 것이다. 우주에 태어나는 모든 생명체는 다 사멸한다. 태어났으니까 죽는 것이 아닌가. 또 죽는다고 영원히 없어지는 것이 아니고 업보에 의해서 다시 생환하는 것이다.

'백목련'은 넓고 하얀 꽃잎 하늘하늘 춤추더니/ 간밤에 시샘하는 비바람에 떨어졌구나/ 피멍 들어 누워 있던 그 자리에는/ 어느새 피어난 파란 잎들이 웃고 있네/ 꽃 진 자리에 꽃 피듯'

꽃 진 자리에 꽃 피듯 환생 되기를 기원한다. 흰 목련꽃은 봄부터 여름을 거쳐 가을까지 화려한 일생을 즐기다가 겨울 폭풍우가 치면 얼음 속에서 동사한다. 그러나 또 새봄이 되면 지난 겨울 죽었던 꽃들이 다시 뿌리를 내리고 물을 빨아올려 새 꽃을 피우는 것이다.

식물이나 동물 그리고 인간도 비슷한 생로병사의 과정을 거친다. 생사의 기간과 조건만 다소 다를 뿐이다. 시베리안 샤머니즘이다. 샤머니즘의 원천은 단군사상이다.
고조선의 '공무도하가' 노래의 주제도 '백목련'과 상통한다. '公無渡河歌'의 생사/유무는 근원적으로 이별에서 비롯된다. 우리 민족의 고유의 전통적 정서는 '정情과 한恨'이다.
정서가 몽돌해변에서 숨죽여 불렀던 '정과정곡'이요, 거제도의 사모곡이다. 이별의 정한도 서양인들의 기계적 직접적 매커니즘과는 달리 그 속에 은근한 정한情恨이 잠재되어 있다. 이것은 우랄 알타이어 시베리안 혈통 가운데에서도 독특한 단군민족만의 핏줄이다.

예컨대 아리랑, 가시리, 정읍사 등의 정서는 약 1만 년이 지난 오늘날의 진달래꽃, 님의 침묵, 국화 옆에서 등 하나같이 이어지는 '한민족 이별의 정한'이다. 손 시인이 부른 사모곡 '백목련'도 같은 맥락이다.

누구나 나이가 들어갈수록 즐겁고 슬펐던 기억들이 봄비에 싹을 틔우듯 애틋한 추억으로 되살아나기 마련이다. 손 시인은 손녀들과 부모님, 형님, 고모님 등 가족 친지에 대한 글이 많은데 특히 어머니, 아버지에 대한 그리움을 노래한 시편들이 많다. 삶의 내리막길에서 지난날을 회상하며 부르는 애절한 사모곡이다.

'사랑하는 어머니/ 당신은 지금 어디서 무얼 하고 계십니까? / 생전에 자식들 위하여 /손발이 갈라져 피가 흐르고/ 고운 얼굴에는 거미줄 같은 주름이/ 가득하셨던 우리 어머니/ 허기진 배 움켜쥐며/ 쓰러져 가는 가세 버티기 위해/ 허리 굽도록 일하셨던 어머니'

(-어머님 전상서)

손 시인은 부모님을 잃고 슬픔에 잠겼지만 그것을 숙명으로 받아들이며 우주의 섭리에 순응하고 있다. 대신 손녀들과 아기자기 재미있는 시간을 대체하여 슬픔을 삭제해 나가고 있다. 어차피 사는 것 이왕이면 의미 있는 남은 여생을 쪼개어보자. 그 편이 하늘에서 내려다보고 있는 돌아가신 부모님에게 더 효도하는 방편인지도 모른다.

3. 사랑은 파도를 넘어

손 시인은 고향 거제에서 검은 해변 몽돌들이 불러주는 노래를 밤낮으로 듣게 된다. '불면의 밤이면 밤새 들려오는' 자갈 소리는 슬픔의 소리일 때도 있고, 반대로 기쁨의 소리 순간도 있다.

자녀의 탄생이나 손녀의 생일날 등 행복한 날에는 서로의 등허리를 살갑게 두드려 주는 애정의 몽돌 소리이다. 그가 세상 살아가면서 행복과 불행에 부딪힐 때마다 '몽돌해변 흑진주들 어깨 부딪는 소리'는 분명 다를 것이다.

포로수용소가 있던 거제도에도 6.25의 고통과 찢어지는 가난이 습격했다. 우선 가족들의 세끼 밥을 위해 부모들은 고난도 중노동에 시달렸다. 그 자녀들 또한 굶주리며 학교에 다녀야 했다. 당시 전쟁통에 한반도 전역은 지금의 북한의 실상과 같이 비참했다. 어린 시절 혹독했던 가난을 그는 '꽃새우'에서 희화적으로 보여주기도 했다.

꽃새우

몽돌 횟집 여주인이 쓰끼다시 한 상 차렸네요
유독 눈이 가는 꽃새우, 등 굽은 붉은 꽃새우
손님들 숫자대로 일렬로 누워 있네요
가정이 찢어지게 가난했던 어린 시절
뜬금없이 춥고 좁고 작은 황토방에는
특히 겨울철이면 찢어진 이불조차 적어서
피붙이 형제들 꽃새우들처럼 붙어서 잤지요
쓰끼다시 등 굽은 붉은 새우들
우리들의 아련한 슬픔으로 다가옵니다

   손 시인은 친구들과 함께 횟집에 갔던 것이다. '몽돌 횟집 여주인이 쓰끼다시 한 상 차렸네요, 유독 눈이 가는 꽃새우, 등 굽은 붉은 꽃새우, 손님들 숫자대로 일렬로 누워 있네요'라고 했다. '쓰끼다시'는 '곁들인 안주'라는 일본어로 아직도 남해안지역에서 쓰이고 있다. 흔한 광경인데도 그에게는 과거의 아픈 기억이 소환되었다. 뜬금없이 등 굽은 붉은 새우 모습이 겨울날 시골집 흙벽이 너무 추워서 형제들이 등 굽히고 쓰러져 자던 모습을 환기해 낸 것이다.

'가정이 찢어지게 가난했던 어린 시절/ 뜬금없이 춥고 좁고 작은 황토방에는/ 특히 겨울철이면 찢어진 이불조차 적어서/ 피붙이 형제들 꽃새우들처럼 붙어서 잤지요/ 쯔끼다시 등 굽은 붉은 새우들 우리들의 아련한 슬픔으로 다가옵니다' 라고 희화적으로 비교했다.

얼마 전까지만 해도 보릿고개도 있었다. 이제는 한국도 3만 6천 달러 부유한 선진국 시대에 살며 여유 있게 생활하게 되었지만 그 시절의 흔적은 시인의 기억 속에 뚜렷이 남아있음이다.

그대 빈자리

딸아이의 이사 때문에
훌쩍 당신이 떠나고
텅 빈 방에
나 혼자 외톨이로 남았습니다

투정 부리는 이야기도
행복에 젖은 속삭임도
고요 속에 잠기고
당신을 향한 그리운 마음이
샘물처럼 솟아납니다

> 그대 빈자리 같이 있을 때는
> 치매 환자처럼 아무것도 모르고
> 혼자 있어야 비로소 아는 그리움
> 바로 당신입니다

'그대 빈자리'는 아내에 대한 연민을 표출한 시다. 대체적으로 우리나라의 여인들은 결혼하면 아내의 역할뿐만 아니라 며느리, 친정엄마를 거쳐 할머니 노릇까지 평생토록 일인다역을 소화해야 하는 질경이 같은 삶이다.

딸이 이사를 가게 되어 친정엄마로서 짐 정리며 아이들 치다꺼리를 도우러 아내가 집을 비운 사이, 시인에게 일어난 외로움의 서사를 그린 것이다.

정작 아내가 곁에 있을 때는 소중함을 모르다가 어느날 혼자 며칠을 지내게 되면서 느끼는 외로움을 엄마를 찾는 아이처럼 진솔하게 표출하였다.

평소에는 체통을 지키느라 무뚝뚝한 태도로 아내에게 '사랑한다'는 말도 제대로 표현하지 못하는 전형적인 경상도 남편의 고백이자 내면의 울림이다. '집안일'도 같은 맥락에서 퇴직 후 몸소 체험을 통하여 느낀 집안일의 어려움을 알고 아내의 수고에 대한 연민을 잔잔하게 그렸다.

4. 거제도에 부는 바람

   그는 어느 날 아파트 입구에서 얼어 죽어가는 '산세베리아'를 방안에 굳이 들고 와 화분에 심어서 정성껏 살려내었다. 그냥 모른 척하고 지나치면 끝날 수도 있는 하찮은 식물에게도 생명의 소중함을 실천한 것이다. 또한 '자연과 사랑'에서 시베리안 샤머니즘 즉 세상의 모든 생명체에 대한 존중과 존재론에 대한 깨달음을 얻어낸 것이다.

   산세베리아

어느 혹한 속 돌아오는 길
아파트 화단에 버려진
가여운 산세베리아를 보았네
그냥 지나치면 얼어 죽을 것이고
가져가자니 많은 식구 또 늘겠네
이런저런 연민으로
그래도 화분에 정성 들여 창가에 두었더니
작년에는 환한 덩치 꽃 피우고
올해는 이사한 아파트로 함께 와
더 많은 새끼 쳐서 더욱 밝은 거실 되었네
오호라, 말 못 하는 식물도
세상의 은인을 아는 것 같다

'작년에는 환한 덩치 꽃 피우더니/ 올해는 이사한 아파트로 함께 와서/ 더 많은 새끼 쳐서 더욱 밝은 거실 되었네/ 말 못하는 식물도 세상을 아는 것 같다'

'산세베리아'에서 그는 말을 못 하는 일개 풀꽃이지만 그 존재론적 생명감을 읽어낸 것이다. 여기에 그치지 않고 손 시인은 하나의 결론을 끌어내었다. '자연과 사랑'에서 앞으로 여생에 대한 가치관과 인생관을 압축해 놓은 것이다.

'자연은 아름답다, 그리고 마음이 넓다, 그 넓은 마음으로, 사람들을 편안하게 품어준다./ 무덤터까지도 내어준다. 그것도 모르는 사람들은, 자기 욕심으로 못된 짓을 다한다./ 그러나 자연은 탓하지 않고 스스로 깨달을 때까지, 무한정 기다려주지만 언제 철들지/ 그것이 참 궁금하다' (- 자연과 사람)

대자연은 아름답고 위대한 것이다. 인간이 과욕으로 몸부림 쳐봐야 그냥 몸부림이다. 죽으면 그만이다. 이 세상에 영원한 것은 없다. 고려시대 상춘곡, 조선시대 관동별곡 등에도 결국 극한적 갈등이 검은 해변 몽돌같이 둥글둥글 스스로 모를 깎았다. 서양의 브루투스 같은 직선적 보복이 아니고 우리 한민족은 완곡한 용서로 은근히 끝난다. 보복보다는 용서로 대개 마감하는 민족성이다.

'가실 때에는 죽어도 아니 눈물 흘리오리다'의 정서적 정한과 비교된다. 동아시아 고전소설 한국의 〈춘향전〉과 중국의 〈옥루몽〉 등 그리고 영국의 셰익스피어 햄릿 등 4대 비극의 깊은 주제성은 이별이다. 다만 동서양의 이별에 대한 정서의 차이는 대조적이다. 동양에서는 이별을 운명적으로 포용하여 '한'으로 넘기지만 서양에서는 '복수'로 대항한다는 점이다.

'공무도하가'는 이러한 '자연과 사람'의 주제와도 상통된다. 주제는 '율려律呂'이다. 율려는 우주의 조화로운 생명의 소리이다. 우주의 본체는 빛과 파동(소리) 두 가지가 아닌가. 대결보다는 조화이다.

이 지구상 각 지역에는 행복과 불행이 상존하고 심지어 양극화되고 있다. 지금 이 순간에도 우크라이나 최전방에서는 탱크들이 산 사람들 위를 밀고 다니고, 이스라엘 가자지구에는 팔레스타인 어린이들이 폭격기에 맞아 피 흘리고 있는 엄연한 현실이다. 일부 강대국의 자국 우선주의와 이기주의가 세계질서를 뒤흔들고 있는 아픈 현실이다. 포용적 대화보다는 우격다짐의 대결로 해결하려는 힘의 논리가 팽배하기 때문이다.

유럽 최초의 문학 대서사시 〈일리아드와 오딧세이〉 그리스의 '트로이목마' 등이 전부 전쟁의 비극을 그린 것이다.

서양 문학의 성경인 셰익스피어 '4대 비극' 등은 인간들 특히 가족 간의 극한적 복수의 단말마 메커니즘들이다. 율리우스 카이사르가 마르쿠스 브루투스의 칼에 쓰러지면서 마지막 저주한 이별곡은 '브루투스 너마저도!'가 서양인들의 의식구조이다. 중앙아시아 최초의 대서사시 〈길가메시〉도 비슷한 직선적 대결 의식의 산물이다.

수메르 또는 이집트, 고대 그리스 도시국가 등과 같이 공통된 국가이념과 가치관 그리고 통일된 언어와 문자를 가지고 있었던 것이다. 동시에 일치된 집단의식과 공통습속도 있었으며 그것이 동맹, 무천, 영고 등 집단 공동체 의식이다.

이러한 인간적, 민주적 소통방식이 아니면 약 2천여년 간의 통치력을 유지하기 어려울 것이다. 고조선 또한 약 2천 여년 간 얼마나 많은 갈등과 전쟁이 있었겠는가. 가장 대표적인 것이 약 5천 년 전 치우단군 천황과 헌원황제와의 '탁록대전琢鹿大戰' 등이다.

단국桓國과 비슷한 시기에 출범한 중원의 한족 요. 순

등은 자기들끼리 하.상.주 시대에 이르기까지 치열한 피비린내를 뿜어왔다. 만리장성 이남 화하족 땅은 대개 기후가 온화하며 평야가 많은 농경민족이다.

반면에 장성 이북은 빙하지대인 혹한 지방이어서 이동하며 살아야 하는 목축유목 민족이다. 광활한 유라시아 대륙은 자연환경이 열악하여 황량한 사막과 험한 산악 등 황폐한 곳이다. 매년 홍수와 극한 가뭄의 자연재해가 있어서 민족간 격돌이 지속되어 왔다.

예컨대 한민족의 성경이라고 할 수 있는 〈환단고기〉 '삼성기'에 나타난 다음 구절을 다시 소환해 보자. '無形而見/ 無爲而化/ 無言而行' (세상 만물은) 형상 없이 나타나고, 형상 없이 사라진다. 만물이 저절로 만들어지고, 말을 하지 않아도 행동으로 이루어지나니)

마지막으로 결론으로 정리해 본다면 손경원 시인의 근원적 시 정신은 휴머니즘이다. 한민족 고유한 정서를 가지고 인간답게 살아가자는 가치관이다. 호모 사피엔스 당시의 유라시아 지역은 우주의 섭리와 자연친화 사상 즉 태양(하늘)을 숭배하는 천신사상이 자연스럽게 발아된 것이다. 우주의 섭리에 따른 자연스런 존재론이다. 하늘과 인간과 자연이 존중되는 '천부경'의 천신사상이다.

인간이 존재하는 이유는 우주와 함께 공존하는 존재론적 사유와 평화로운 이웃이다. 바로 이 시집을 관통하는 주제이기도 하다. 휴머니즘이 샤머니즘shamanism이다. 고조선 특유의 한민족 사상은 샤머니즘에서 발현된 '홍익사상弘益思想'이다.

환웅은 아버지 환인의 뜻을 받아 그 씨앗으로 배달민족을 일으켜 세웠다. 배달민족의 씨앗사상은 바로 '하늘을 경배하는 제천의식'이다. 광대한 강역을 하나의 민족으로 일체화시키려면 일종의 공통된 습속이나 종교의식이 필요했을 것이다. 단군조선에서 '天地人' 사상을 話頭로 고인돌을 세우고 하늘에 제사를 지냈던 것이다. 이를 바탕으로 우리 민족의 유구한 역사와 문화적 정서가 지금까지 이어지고 있다.

손 시인은 첫 시집에서 부모님과 손녀, 가족 친지들에 대한 사랑을 애정 깊게 노래하면서 자연과 세상의 섭리에 대한 달관의 경지를 선비처럼 차분히 보여주고 있다. 아울러 이번 첫 시집을 통하여 또 하나의 존재론적 우주 사상을 엿볼 수 있게 되었다. 다음 그의 제2시집을 새롭게 기대해 본다.